दिल से निकले उद्गार

(Out From the Heart)

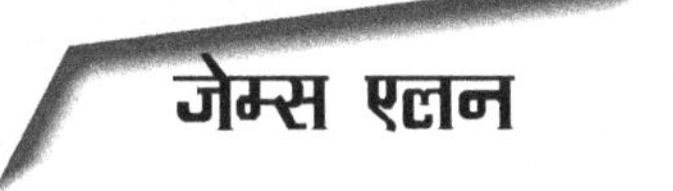

जेम्स एलन

डायमंड बुक्स

www.diamondbook.in

प्रकाशक : डायमंड पॉकेट बुक्स (प्रा.) लि.
X-30, ओखला इंडस्ट्रियल एरिया, फैज-II
नई दिल्ली-110020
फोन : 011-40712200
ई-मेल : sales@dpb.in
वेबसाइट : www.diamondbook.in

Dil se nikle udgaar (Out from the Heart)
by : *James Allen* (translated by Aarti Gandhi)

अनुक्रमणिका

1

हृदय और जीवन

जैसा हृदय वैसा ही जीवन। इसके साथ सब कुछ है, इसके बिना नहीं। इससे कुछ छिपा नहीं रह सकता। जो छिपा हुआ है, वह कुछ समय के लिए है। जब वह परिपक्व हो जाता है, तब सामने प्रकट हो जाता है। बीज, वृक्ष, फूल और फल...ये सभी ब्रह्मांड के चौगुने क्रम हैं। एक व्यक्ति के दिल की प्रवृत्ति ही उसके जीवन की स्थितियों को आगे बढ़ाती हैं। उसके विचार उसके कर्मों में खिलते है और उसके कर्म ही चरित्र और भाग्य रूप में फल पाते हैं।

जीवन हमेशा भीतर से प्रकट होता है और स्वयं को प्रकाश में लाता है। हृदय में उत्पन्न विचार ही स्वयं को अंतत: शब्दों और कार्यों में प्रकट कर, पूर्णतया प्रदान करते हैं।

जैसे छिपे हुए झरने से फव्वारा, इसी प्रकार मनुष्य के जीवन को उसके हृदय के भीतरी स्तरों से द्वारा प्रवाहित किया जाता है। वह जो कुछ भी है और जो करता है, वह वहीं से उत्पन्न होता है। वह जो भी करेगा और होगा, उस सब का उदय वहीं से होगा

खुशी और गमी, दुख और सुख, भय और आशा, घृणा और प्रेम, अज्ञान और ज्ञान, ये सभी हृदय में कहीं

नहीं है। ये सभी केवल मानसिक स्थितियां हैं।

मनुष्य अपने हृदय का रक्षक है; अपने मन का पहरेदार; अपने जीवन के गढ़ का एकांत रक्षक। जैसे वह मेहनती और लापरवाह हो सकता है। वह अपने दिल को अधिक से अधिक सावधानीपूर्वक ध्यान रख सकता है। वह अपने मन को अधिक ध्यान से देख-परख कर, उसे शुद्ध कर सकता है; वह अविवेकी विचारों से अपनी सुरक्षा कर सकता है...यह ज्ञान और आनंद का मार्ग है।

दूसरी ओर, वह अपने जीवन को सही ढंग से व्यवस्थित करने जैसे सर्वोच्च कार्य की उल्लेख करते हुए, शिथिल और लापरवाही से रह सकता है। जीने का यह ढंग आत्म-भ्रमित और पीड़ादायक है।

एक व्यक्ति को इस बात का एहसास होना चाहिए कि जीवन अपनी समग्रता में मन में उत्पन्न होता है और देखो, उसके लिए परम सुख का मार्ग खुल जाता है।

क्योंकि तब उसे पता चलेगा कि उसके पास अपने मन पर शासन करने और उसे अपने आदर्श अनुसार गढ़ने की शक्ति है। तब वह दृढ़ता से और तेज़ी से आगे बढ़ने वाले उन विचारों और कार्यों का चुनाव करेगा जो पूरी तरह से उत्कृष्ट होंगे। उसके लिए जीवन सुंदर और पवित्र बन जाएगा। देर-सवेर, वह सारी बुराई, भ्रम और दर्द को दूर कर लेगा। जो व्यक्ति अपने हृदय के प्रवेश द्वार की रक्षा अत्याधिक कर्मठता से करता है, उसके लिए मुक्ति, ज्ञान और शांति से जीना नामुमकिन नहीं रह जाता।

2

मन की प्रकृति और शक्ति

मन जीवन का मध्यस्थ है। यह परिस्थितियों का निर्माता और आकारकर्त्ता है और अपने सभी परिणामों का प्राप्तकर्त्ता है। उसके पास स्वयं के लिए भ्रम पैदा करने और वास्तविकता को समझने की शक्ति है। मन भाग्य का ताना-बाना बुनने वाला अचूक जुलाहा है। विचार धागा है, अच्छे और बुरे कर्मों का, ''ताना-बाना बुनने'' या नींव है, जीवन के करघे पर बुना हुआ जाल चरित्र है। मन वहीं वस्त्र धारण करता है, जो स्वयं उसके द्वारा तैयार किए होते हैं।

एक मानसिक प्राणी होने के नाते, मनुष्य के पास मन की सभी शक्तियां होती है और वह असीमित विकल्पों से सुसज्जित होता है। वह अनुभवों से सीखता है। वह अपने अनुभव को तेज़ या धीमा कर सकता है। वह किसी बिन्दु पर सहमत होने के लिए बाध्य नहीं, परन्तु उसने स्वयं को कई बिन्दुओं पर बांध रखा है, और खुद को बांध कर, वह जब चाहे खुद को मुक्त कर सकता है।

वह जैसा चाहे वैसा बन सकता है, पशुवत या शुद्ध, अज्ञानी या कुलीन, मूर्ख या बुद्धिमान बन सकता है। वह फिर से अभ्यास करके, अपनी आदतें बना सकता है और वह चाहे तो प्रयास कर उन्हें तोड़ भी सकता है। सत्य से

दूर हो जाने पर वह अपने चारों ओर के भ्रमों से घिरा रह जाएगा। वह इन भ्रमों से छुटकारा पा सकता है, जब सत्य पूरी तरह से सामने नहीं आ जाता। उसकी संभावनाएं अनंत है, उसकी स्वतंत्रता अपने आप में पूर्ण है।

मन की प्रकृति ऐसी है कि वह अपनी स्थितियां स्वयं निर्मित करता है और ऐसी अवस्थाओं का चुनाव करता है, जिन में वह वास करना चाहता है। वह किसी भी स्थिति को बदलने, किसी भी प्रकृति को त्याग देने की शक्ति रखता है। ऐसा वह लगातार करता रहता है ताकि प्रत्येक स्थिति का ज्ञान अपनी पसंद से बार-बार दुहराते हुए विस्तृत अनुभव एकत्रित कर सके।

विचार की आंतरिक प्रक्रियाएं ही जीवन और चरित्र का योग बनाती हैं। मनुष्य इन प्रक्रियाओं को सहन करने की इच्छा और प्रयास द्वारा संशोधित कर और बदल सकता है। आदत, नपुंसकता और पाप के बंधन स्व-निर्मित है और केवल स्वयं के द्वारा ही नष्ट किए जा सकते हैं। वे कहीं और नहीं बल्कि किसी के मन में मौजूद रहते हैं और यद्यपि वे बाहरी चीजों से सीधे तौर पर संबंधित होते है। उनकी उन चीज़ों में कोई वास्तविक मौजूदगी नहीं होती।

बाह्य अस्तित्व उन्हें ढालता और आंतरिक सजीव करता है परन्तु आंतरिक को कभी बाह्य द्वारा नहीं बदला जा सकता। प्रलोभन बाहरी वस्तु में नहीं बल्कि मन में उस वस्तु के प्रति पैदा हुई वासना से उत्पन्न होता है। ना ही बाहरी वस्तुओं के प्रति दुख व संताप और ना ही जीवन

दिल से निकले उद्गार

की प्रसन्नता से वास्ता। मन के अनुशासनहीन रवैये कारण ही वह वस्तुओं और प्रसन्नता की ओर बढ़ता है।

जो मन पवित्रता और बुद्धि द्वारा मजबूत और अनुशासित होता है, वह सभी प्रकार की वासनाओं को नज़रअंदाज़ करता और इच्छाओं से बचाता है, जो अलग-अलग दुखों से बंधे होते हैं, उन्हें ज्ञान और शांति चाहि, होती है।

दूसरों को दोष देना एक बुराई है और बाहरी परिस्थितियों को बुराई के स्रोत के रूप में धिक्कारने से, दुनिया में पीड़ा और अशांति बढ़ती है, कम नहीं होती। बाहरी तो अंतर्मन की छाया और प्रभाव है। जब हृदय शुद्ध होता है तो बाहर की सभी चीज़ें भी शुद्ध दिखाई देने लगती हैं।

सारा विकास और जीवन भीतर से बाहर की ओर प्रवाहित होता है। सारे दुख और मृत्यु भीतरी है। यह सार्वभौमिक नियम है। सारे विकास भीतर से आगे बढ़ते हैं। सभी समायोजन भीतर होने चाहिए। जो दूसरों के खिलाफ प्रयास करना बंद कर देता है, वह अपनी शक्तियों को अपने मन के रूपांतरण, उत्थान और विकास में लगाता है। वह अपनी ऊर्जा का संरक्षण करता है और खुद को संरक्षित रखता है। और जैसे ही वह अपने मन के सामंजस्य में सफल होता है, वह दूसरों को विचार और दान द्वारा एक परम सुख की अवस्था में ले जाता है।

आत्मज्ञान और शांति का मार्ग अन्य मनों पर अधिकार और मार्गदर्शन ग्रहण करने से नहीं मिलता है, बल्कि अपने स्वयं के मन पर एक वैध अधिकार का प्रयोग करके, और

अपने आप को दृढ़ और उच्च सद्गुण के मार्ग में निर्देशित करके प्राप्त किया जा सकता है।

मनुष्य का जीवन उसके दिल और दिमाग से चलता है। उसने उस मन को अपने विचारों और कर्मों से संयोजित किया है। यह उसकी भीतरी शक्ति है कि वह अपनी पसंद के विचार से मन को तैयार करे। इस प्रकार वह अपने जीवन को बदल सकता है।

आइए देखें कि इसके लिए क्या करना होगा!

3

आदत का गठन

प्रत्येक स्थापित मानसिक स्थिति के पास एक अर्जित आदत होती है और यह एक विचार की निरंतर पुनरावृत्ति बन जाती है। निराशा और फ्रुल्लता, क्रोध और शांति, लोभ और उदारता... वास्तव में सभी मन की अवस्थाएं हैं, जो पसंद के द्वारा निर्मित आदतें हैं, जब तक वे स्वचालित नहीं हो जाती। एक विचार को बार-बार दुहराए जाने से अंततः वह मन की एक निश्चित आदत बन जाता है। ऐसी आदतों से ही व्यक्ति का जीवन आगे बढ़ता है।

अपने अनुभवों की पुनरावृत्ति द्वारा ज्ञान प्राप्त करना मन का स्वभाव है। एक विचार जो बहुत कठिन हो, पहले उसे धारण करना और फिर उस पर टिके रहना आवश्यक होता है। अंत में, लगातार मन में रहने से, वह स्वाभाविक ही एक आदतन अभ्यास बन जाता है।

एक लड़का, जब किसी व्यापार को सीखना शुरू करता है, तब वह अपने उपकरणों को ठीक से संभाल नहीं पाता, उनका सही ढंग से उपयोग तो बिल्कुल भी नहीं कर पाता परन्तु लंबे समय तक दोहराव और अभ्यास के बाद, वह उन्हें पूरी तरह से सहजता और निपुण कौशल के साथ चलाने लगता है। इसी प्रकार, मन की एक अवस्था, जो पहली बार में प्रत्यख रूप से कुछ महसूस करने में असमर्थ

थी, परन्तु दृढ़ता और अभ्यास से, अंत में वह प्राकृतिक और सहज स्थिति द्वारा चरित्र का निर्माण करती है।

मन की इस शक्ति द्वारा आदतों को बनाया और उनमें सुधार किया जा सकता है। इन स्थितियां में ही मनुष्य की मुक्ति का आधार निहित है। यह पूर्ण स्वतंत्रता का खुला द्वार है, जिसे स्वयं की महारत से पाया जा सकता है। जिस प्रकार मनुष्य के पास हानिकारक आदतें बनाने की शक्ति होती है, उसी प्रकार उसके पास ऐसी आदतें निर्मित करने की भी शक्ति होती है, जो अनिवार्य रूप से अच्छी होती हैं। यहां हमें एक बिन्दु को कुछ स्पष्ट करने की आवश्यकता है, जो मेरे पाठक के लि, गहन और गंभीर विचार की मांग करता है।

आम तौर पर कहा जाता है कि गलत करना सही करने से अधिक आसान होता है। पाप करना पवित्र होने से आसान है। ऐसी स्थिति को लगभग सार्वभौमिक रूप से, एक स्व-स्पष्ट सत्य के रूप में माना जाने लगा है।

बुद्ध से कम किसी शिखक ने ऐसा नहीं कहा, ''बुरे कर्म और स्वयं के लिए हानिकारक कर्म करना आसान है, जो फायदेमंद और अच्छा है, वह करना मुश्किल है।''

आम तौर पर, मानवता के संबंध में, यह सच है, लेकिन यह एक बीते हुए अनुभव के रूप में सच है, जो मानव विकास में केवल एक क्षणभंगुर कारक है। यह चीज़ों की एक निश्चित स्थिति नहीं है। यह शाश्वत सत्य का स्वभाव नहीं है। अज्ञानता की व्यापकता के कारण

पुरुषों के लिए सही से गलत करना आसान है, क्योंकि चीजों की वास्तविक प्रकृति और जीवन का सार व अर्थ आसानी से समझ में नहीं आता है।

जब एक बच्चा लिखना सीखता है तो पैन को गलत तरीका से पकड़ना और उससे गलत तरीके से अक्षरों को लिखना बहुत आसान होता है। सही तरीके से पैन पकड़ कर, उसके द्वारा उचित तरीके से लिखना थोड़ा मुश्किल होता है। परन्तु ऐसा बच्चे की लेखन कला की अज्ञानता के कारण होता है, जिसे केवल लगातार प्रयास और अभ्यास से दूर किया जा सकता है, जब तक कि उसे पैन को सही ढंग से पकड़ना ना आ जाए। सही ढंग सीख लेने पर कुछ भी मुश्किल नहीं रहता। इसी प्रकार गलत चीजें करना कठिन और अनावश्यक होता है।

मन और जीवन की महत्वपूर्ण चीजों के साथ भी ऐसा ही होता है। सही ढंग से सोचने और करने के लिए बहुत अभ्यास और नए सिरे से प्रयास करने की आवश्यकता होती है। लेकिन अंत में, वह समय आता है, जब वह आदत बन जाती है, तब सोचना और सही करना आसान हो जाता है। तब गलत करना पूरी तरह से अनावश्यक लगने लगता है।

जैसे एक शिल्पकार अभ्यास द्वारा अपने शिल्प में निपुण हो जाता है, उसी प्रकार आप भी अभ्यास द्वारा, अच्छाई में निपुण हो सकते हैं। यह पूरी तरह से विचार द्वारा नई आदतें बनाने का मुद्दा है। और जिसके लिए सही

विचार आसान और स्वाभाविक हो जाए, उसके लिए गलत विचार और काम करना मुश्किल हो जाता है, मानो उसने उच्च सदाचार द्वारा, शुद्ध आध्यात्मिक ज्ञान प्राप्त कर लिया हो।

पुरुषों के लिए पाप करना आसान और स्वाभाविक है, क्योंकि वे लगातार दोहराव, हानिकारक और अज्ञात विचारों की आदतों को अपनाते हैं। एक चोर के लिए, अवसर आने पर चोरी करने से बचना बहुत कठिन होता है, क्योंकि वह इतने लंबे समय तक लोभी और लालची विचारों में घिरा रहा होता है।

जबकि ईमानदार व्यक्ति के लिए, जो लंबे समय से ईमानदार विचारों के साथ जीता रहा हो, उसके साथ ऐसी कठिनाई नहीं होती। वह गलत, मूर्खता और निष्फलता के बारे में इतना प्रबुद्ध हो जाता है कि चोरी का विचार दूर-दूर तक उसके दिमाग में नहीं आता। चोरी का पाप बहुत चरम है और आदत की ताकत और गठन को और अधिक स्पष्ट करने के लिए मैंने इसे पेश किया है। परन्तु सभी पापों और गुणों का गठन एक ही तरीके से होता है।

क्रोध और अधीरता हज़ारों लोगों के लिए स्वाभाविक और आसान है, क्योंकि वे लगातार क्रोधित और अधीर विचारों और कृत्यों को ही दोहराते हैं। और प्रत्येक पुनरावृत्ति के साथ यह आदत अधिक मजबूती से स्थापित होती जाती है और अधिक गहराई से भीतर पैठती जाती है।

शांत और धैर्य भी उसी प्रकार आदत बन सकते हैं...

दिल से निकले उद्गार

पहले प्रयास के माध्यम से, एक शांत और धैर्यवान विचार, और फिर लगातार सोचते हुए, उसे जीते हुए, जब तक कि इसका प्रयोग स्वभाव न बन जाए। तब क्रोध और अधीरता हमेशा के लिए दूर हो जाते है। इस प्रकार मन से प्रत्येक प्रकार के गलत विचार को निकाला जा सकता है, ताकि प्रत्येक असत्य कार्य का नाश हो और जिससे प्रत्येक पाप का अंत हो सके।

4

करना और जानना

एक व्यक्ति को इसका बात का एहसास हो कि उसका जीवन, अपनी समग्रता में, उसके दिमाग द्वारा चलाया जाता है। उसे यह एहसास हो कि मन आदतों का एक संयोजन है, जिसे वह धैर्यपूर्वक प्रयास करके, किसी भी हद तक संशोधित कर सकता है, और वह जिस पर पूर्ण प्रभुत्व, महारत और नियंत्रण प्राप्त कर सकता है। और एक बार, जब उसे इस कुंजी पर अधिकार प्राप्त हो गया, तब उसके द्वारा उसकी पूर्ण मुक्ति का द्वार खुल जाएगा।

लेकिन जीवन की बीमारियों से मुक्ति (जो किसी के मन की बीमारियां हैं), यह भीतरी मन में अधिक तेजी से फलती-फूलती है न कि बाहर से अचानक अभिग्रहण की जाती है। प्रतिदिन एक घंटा मन को निर्मल विचार सोचने के लिए प्रशिक्षित किया जाना चाहिए और उन परिस्थितियों में सही और निष्पख दृष्टिकोण को अपनाना चाहिए, जहां गलत और असंयम की संभावना अधिक हो। एक धैर्यवान मूर्तिकार की भांति, जो संगरमर में भी, अपने आकांक्षाओं द्वारा सही जीवन को उभारने के लिए, सख्त बेडौल सामग्री को धीरे धीरे, तब तक कुरेदता है जब तक वह मन मुताबिक अपने सपने के आदर्श को उसमें से प्राप्त नहीं कर लेता।

दिल से निकले उद्गार

इस प्रकार की सर्वोच्च उपलब्धि की दिशा में काम करने के लिए, सबसे कम और आसान चरणों से आरंभ करना चाहिए और प्राकृतिक, प्रगतिशील चरणों से उच्च और अधिक कठिन चरण की ओर बढ़ना चाहिए। विकास, प्रगति, क्रमिक विकास और अनावरण का यह नियम, धीरे-धीरे और लगातार बढ़ते चरणों से, जीवन के हर विभाग में और प्रत्येक मानवीय उपलब्धि में निरपेक्ष है। जहां भी इसे नजरअंदाज़ किया जाता है, वहीं परिणामस्वरूप विफलता हाथ लगेगी।

शिक्षा प्राप्ति, व्यापार सीखने में या व्यवसाय करने में, इस नियम को पूर्ण मान्यता प्राप्त है और सभी के द्वारा इसका पालन किया जाता है। लेकिन सद्गुण प्राप्त करने में, सत्य सीखने में और जीवन में सही आचरण और ज्ञान का अनुसरण करने में, सभी द्वारा इसे अस्वीकार किया जाता और इसकी अवज्ञा की जाती है। इसलिए सदाचार, सत्य और संपूर्ण जीवन अव्यावहारिक, अप्राप्त और अज्ञात रहता है।

यह मान लेना एक सामान्य त्रुटि है कि उच्च जीवन केवल पढ़ने का विषय है और इसके लिए सैद्धांतिक या आध्यात्मिक परिकल्पनाओं को अपनाना आवश्यक है, जबकि इन आध्यात्मिक सिद्धांतों को केवल इस पद्धति द्वारा ही समझा जा सकता है। उच्चतर जीवन, उच्च जीवन विचार, शब्द-वचन, कर्म और आध्यात्मिक सिद्धांतों का ज्ञान, जो मनुष्य में और ब्रह्मांड में आसन्न है, जिन्हें केवल

सद्गुणों की खोज और लंबे अनुशासन के अभ्यास द्वारा ही प्राप्त किया जा सकता है।

महानतम को जानने से पहले कम को जानना और ग्रहण किया जाना चाहिए। वास्तविक ज्ञान की प्राप्ति के लिए अभ्यास बेहतर होता है।

स्कूल मास्टर कभी भी अपने विद्यार्थियों को आरंभ में गणित के अमूर्त सिद्धांत सिखाने का प्रयास नहीं करता। वह जानता है कि पढ़ाने का यह तरीका व्यर्थ जाएगा और सिखाना नामुमकिन हो जाएगा। वह पहले उन्हें आसान से सवाल देता है, उसे समझाने के बाद, फिर उन्हें स्वयं ऐसा करने के लिए छोड़ देता है। जब बार-बार असफलताओं और लगातार नए सिरे से प्रयास करने के बाद, इसे सही ढंग से करने में सफल हो जाते हैं, तब उनके सामने उससे अधिक मुश्किल गणित रखा जाता है, उसके बाद दूसरा और इसी प्रकार आगे ही। ऐसा नहीं कि विद्यार्थियों को कई वर्षों की मेहनत से अंकगणित के सभी पाठों में महारत हासिल हो जाती है, वस्तुत: वह उनके भीतर अंतर्निहित गणितीय सिद्धांतों को प्रकट करने का प्रयास करता है।

एक व्यापार सीखने में, मान लीजिए कि एक मैकेनिक हो, लड़के को सबसे पहले यांत्रिकी सिद्धांत नहीं सिखाए जाते, उसे हाथ में साधारण उपकरण पकड़ने और उसका सही तरीके से उपयोग करना सिखाया जाता है। फिर उसे प्रयास और अभ्यास करने के लिए छोड़ दिया जाता है। जैसे-जैसे वह अपने औजारों या उपकरणों को सही ढंग से

इस्तेमाल करना सीख जाता है, तब उसके सामने अधिक से अधिक कठिन कार्य निर्धारित किए जाते हैं। कई वर्षों के फल अभ्यास के बाद, वह यांत्रिकी के सिद्धांतों का अध्ययन करने और समझने पाने के लिए तैयार होता है।

एक सही अनुशासित घर में, बच्चा सबसे पहले आज्ञाकारी होना सीखता है और उसे सभी परिस्थितियों में उचित आचरण करना सिखाया जाता है। बच्चे को यह नहीं बताया जाता कि उसे ऐसा क्यों करना चाहिए, लेकिन उसे करने की आज्ञा दी जाती है। सही और उचित काम करने में काफी हद तक फल होने के बाद ही उसे बताया जाता है कि उसे ऐसा क्यों करना चाहिए। कोई पिता अपने बच्चे को पारिवारिक कर्त्तव्य और सामाजिक सद्गुण का अभ्यास करने से पहले नैतिकता के सिद्धांत सिखाने का प्रयास नहीं करता।

इस प्रकार अभ्यास संसार की सामान्य वस्तुओं के ज्ञान से भी पहले आता है। आध्यात्मिक बातों में, उच्चतर जीवन जीने के लिए ये नियम अत्यन्त कठोर होते हैं।

सद्गुण को कर्म करके जाना जा सकता है और सत्य का ज्ञान केवल सद्गुण के अभ्यास में स्वयं को पूर्ण करके ही प्राप्त किया जा सकता है। सद्गुण के अभ्यास और प्राप्ति में पूर्ण होना सत्य के ज्ञान में पूर्ण होना है।

सत्य को प्रतिदिन और प्रति घंटा सद्गुण की शिखा द्वारा सीखा जा सकता है। सबसे सरल से शुरू करके, और अधिक कठिन से गुजरते हुए ही इस तक पहुंचा जा सकता

है। एक बच्चा धैर्यपूर्वक और आज्ञाकारी ढंग से स्कूल में अपने पाठों को लगातार अभ्यास द्वारा सीखता है, जब तक कि वह सभी असफलताओं और कठिनाईयों को दूर नहीं कर लेता। इसी प्रकार सत्य के बच्चे को, असफलता से निडर और कठिनाईयों से मजबूत हो कर,स्वयं को विचार और कर्म द्वारा सही को करने के लिए अपनाना चाहिए। जैसे ही वह सद्गुण प्राप्त करने में सफल होगा, उसके मन में सत्य का ज्ञान प्रकट हो जाता है। यह एक ऐसा ज्ञान है, जिसकी छत्रछाया में वह सुरक्षित रह सकता है।

5

उच्च जीवन के लिए आरंभिक कदम

यह देखते हुए कि सद्गुणों का मार्ग ही, ज्ञान का मार्ग है। इससे पहले कि सत्य के सर्वव्यापी सिद्धांतों को समझा जा सके, इसके लिए निम्न चरणों को पूर्ण रूप से जानना अति आवश्यक है। फिर सत्य के शिष्य को कैसे और कहां से सीखना आरंभ करना चाहिए?

कोई व्यक्ति कैसे अपने मन को ठीक करने और अपने हृदय की शुद्धि की कामना कर सकता है, हृदय ही जीवन के सभी मुद्दों का स्रोत और भंडार है, वह सद्गुण की शिखाओं को कैसे सीखेगा? वह कैसे स्वयं को ज्ञान में शक्तिशाली बनाना सीख कर, अज्ञानता और जीवन की बुराईयों को नष्ट करते हुए खुद को विकसित करता है? पहली शिखाएं क्या हैं, कौन से पहले कदम उठाने होंगे? उन्हें कैसा सीखा जा सकता है? उनका अभ्यास कैसे किया जाता है? उनमें कैसे महारत हासिल कर, उन्हें समझा जा सकता है?

पहली शिक्षा: उन गलत मानसिक स्थितियों पर काबू पाना है, जिन्हें बहुत आसानी से समाप्त किया जा सकता है, जो आध्यात्मिक प्रगति में सामान्य बाधाएं हैं, साथ ही साथ सरल घरेलू और सामाजिक गुणों का अभ्यास करना।

पाठक को इससे बेहतर सहायता मिलेगी, यदि मैं इन तीन शिक्षाओं को पहले दस कदमों या चरणों में समूहबद्ध और वर्गीकृत कर लूं: शरीर के दोषों पर काबू पाना और उनका उन्मूलन करने के लिए :-

पहली शिक्षा: शरीर का अनुशासन

पहला चरण : आलस्य, अकर्मण्यता और ढिलाई

दूसरा चरण : आत्म-भोग या लोलुपता

दूसरी शिक्षा: वाणी का अनुशासन

तीसरा चरण : अपशब्द या बदनामी

चौथा चरण : गपशप और निष्क्रिय बातचीत

पांचवा चरण : अपमानजनक और निर्दयी उच्चारण वचन

छठा चरण : तुच्छ या अप्रासंगिक वार्ता

सातवां चरण : आलोचनात्मक, दोषात्मक या भ्रामक बातचीत

तीसरी शिक्षा : प्रवृत्तियों का अनुशासन

आठवां चरण : कर्त्तव्य का निःस्वार्थ प्रदर्शन

नवां चरण : अटल सत्यनिष्ठा या नैतिक सत्यनिष्ठा

दसवां चरण : असीमित क्षमा

शरीर के दो विकार और जीभ के पांच विकार इसलिए कहे जाते हैं क्योंकि वे शरीर और जीभ द्वारा प्रकट होते हैं। साथ ही उनका इतना निश्चित रूप से वर्गीकरण करने से पाठक के दिमाग को बेहतर मदद मिलेगी। लेकिन यह स्पष्ट रूप से समझा जाना चाहिए कि ये दोष मुख्य रूप

दिल से निकले उद्गार

से मन में उत्पन्न होते हैं, शरीर और जीभ में हृदय की गलत स्थितियां उत्पन्न होती हैं। हृदय की गलत स्थितियों के कारण शरीर और जीभ कार्य करते हैं।

ऐसी अराजक परिस्थितियों का अस्तित्व इस बात की ओर संकेत है कि जीवन के वास्तविक अर्थ और उद्देश्य के बारे में मन पूरी तरह से अनभिज्ञ है और उनका उन्मूलन करके ही एक सदाचारी, दृढ़ और प्रसन्नचित जीवन का आरंभ किया जा सकता है।

लेकिन इन दोषों को कैसे दूर किया और मिटाया जा सकता है? सबसे पहले, एक बार, उनकी बाहरी अभिव्यक्तियों की जांच और नियंत्रण करके और गलत कार्य को दबा कर। यह मन को तब तक चौकस रहने और चिंतन करने के लिए प्रेरित करेगा जब तक कि बार-बार अभ्यास करने से, वह मन की अंधेरी, गलत और भ्रमात्मक स्थितियों को समझने में सखम ना हो जाए, जिनमें से ऐसे कृत्यों का जन्म होता है। तब यह उन्हें पूरी तरह से त्याग देगा।

देखा गया कि मन के अनुशासन में पहला कदम आलस्य या निष्क्रियता पर काबू पाना होता है। यह सबसे आसान कदम है और जब तक इस पर पूरी तरह से काबू ना किया जाए, तब तक अन्य कदम नहीं उठाए जा सकते। आलस्य से चिपके रहना सत्य के मार्ग में पूर्ण बाधा है। आलस्य में शरीर को आवश्यकता से अधिक आराम की उपेक्षा करना और जब नींद अपरिहार्य हो। जी चुराना,

विलंब करना और तत्काल ध्यान खींचने वाली चीजों की उपेखा करना आवश्यक है।

आलस्य की इस स्थिति को प्रात: काल जल्दी जाग कर भगाया जा सकता है, और शरीर के पूर्ण स्वस्थ होने के लिए आवश्यक नींद लेना आवश्यक है। प्रत्येक कार्य और कर्त्तव्य को, भले वह कितना ही छोटा क्यों न हो, उसे पूरी तत्परता और दृढ़ता से करते हुए दूर किया जा सकता है।

किसी भी सूरत में, बिस्तर पर खाना-पीना नहीं लेना चाहिए। जागने के बाद बिस्तर पर लेटना, आराम और ख्यालों में खोना, समय की पाबंदी के लिए घातक है। चरित्र की दृढ़ता और मन की पवित्रता आवश्यक है। ऐसे समय में कुछ सोचने का प्रयास भी नहीं करना चाहिए। ऐसी परिस्थितियों में दृढ़, शुद्ध और सत्य सोच असंभव है। आदमी को बिस्तर पर सोने के लिए जाना चाहिए ना कि सोचने के लिए। उसे सोचने और काम के लिए उठना चाहिए ना कि सोने के लिए।

इससे अगला कदम है अपनी लोलुपता या आत्म-ग्लानि पर काबू पाना। पेटू वह है, जो भोजन के वास्तविक लक्ष्य और वस्तु पर विचार किए बिना केवल पशु तृप्ति के लिए खाता है। वह अपने शरीर की आवश्यकता से अधिक खाता है और वह मीठी चीजों और समृद्ध व्यंजनों के लिए लालची है। इस तरह की अनुशासनहीन इच्छा को केवल भोजन की मात्रा को कम करके और प्रतिदिन भोजन की

संख्या को कम करके, साधारण और अन्य किसी आहार को शामिल किए बिना ही बदला जा सकता है। भोजन के लिए नियमित घंटों को अलग रखा जाना चाहिए और अन्य समय पर खाने से सख्ती से बचना चाहिए। रात्रिभोज को समाप्त कर देना चाहिए, क्योंकि वे पूरी तरह से अनावश्यक है। वह भारी नींद और मन के बादल को बढ़ावा देता है।

अनुशासन की इस तरह की पद्धति का अनुसरण, अनियंत्रित भूख को तेजी से नियंत्रण में लाएगा और आत्म-भोग के इन्द्रिय पाप को मन से निकाल बाहर कर देगा। खाद्य पदार्थों का सही चयन सहज और अचूक रूप से शुद्ध मानसिक स्थिति के अनुकूल हो जाएगा।

इस बात को ध्यान में रखना चाहिए कि हृदय में परिवर्तन लाना आवश्यक चीज है, और आहार में कोई भी परिवर्तन जो इस लक्ष्य को बढ़ावा नहीं देता, वह व्यर्थ है। जब कोई केवल भोग के लिए खाता है, तब वह पेटू होता है। हृदय को इस प्रकार की केंद्रिय वासना और लालसा से शुद्ध करना आवश्यक है।

जब शरीर अच्छे ढंग से नियंत्रित और दृढ़ता से निर्देशित हो, तब जो भी कार्य संपन्न किया जाए, वह जोशीले ढंग से किया जाएगा। उस समय किसी भी कार्य या कर्त्तव्य को टाला नहीं जाएगा। जब सुबह जल्दी उठना एक आनंद बन जाता है, तब मितव्ययिता, सरलता और संयम, दृढ़ता से स्थापित हो जाते हैं। जब कोई सामने रखे भोजन से संतुष्टि महसूस करता है, भले वह भोजन कितना

ही कम और सादा क्यों ना हो, उस समय स्वादिष्ट आनंद की लालसा समाप्त हो जाती है। उस समय उच्च जीवन की प्राप्ति के पहले दो चरण पूरे हो जाते हैं। तब सत्य का पहला महान् पाठ सीख लिया गया समझा जाए। इस प्रकार हृदय में एक संतुलित, स्वशासित और सदाचारी जीवन स्थापित हो जाता है।

अगली शिक्षा संयमित वाणी से संबद्ध है, जिसके पांच क्रमबद्ध चरण हैं :-

इनमें से पहला है अपशब्द बोलने की आदत पर काबू पाना। बदनामी में मनगढ़त करना या कठोर ढंग से दोहराना और दूसरों के बारे में या अनुपस्थित दोस्तों के दोषों को उजागर करने और बढ़ाने में और अयोग्य आक्षेपों को पेश करने में, दूसरों के बारे में निर्दयी और बुरी रिपोर्टों का आविष्कार करना या दोहराना शामिल है। विचारहीनता, क्रूरता, ज़िद और असत्यता के तत्व प्रत्येक निंदनीय कार्य में शामिल होते हैं।

वह व्यक्ति जो सही जीवन जीने का लक्ष्य रखता है, उसके होंठों से निकलने से पहले वह बदनामी के निष्ठुर शब्द की जांच शुरू कर देगा। फिर वह उस कपटी विचार को जांचेगा, और उसे दूर करेगा, जिससे ऐसे विचार का जन्म हुआ हो।

वह आगे से ध्यान रखेगा कि वह किसी की निंदा या बदनामी ना करें। वह हमेशा अपमानजनक शब्दों, बदनाम करने से परहेज करेगा और अपने किसी अनुपस्थित दोस्त

की निंदा नहीं करेगा, जिससे हाल में ही उसने मुस्करा कर देखा, चूमा या हाथ मिलाया हो। वह दूसरे के बारे में वह नहीं कहेगा, जो वह अपने बारे में कहने से डरें। इस प्रकार, अंत में दूसरों के चरित्र और प्रतिष्ठा के बारे में पवित्र विचार रखते हुए, वह मन की उन गलत स्थितियों को नष्ट कर देगा जो निंदा को जन्म देती हैं।

अगला कदम गपशप और बेकार की बातचीत पर काबू पाना है। फिजूल की बातें, किसी के निजी मामले के बारे में बात करना, केवल समय बिताने के लिए बात करना और लक्ष्यहीन और अप्रासंगिक बातचीत में शामिल होना, इन सभी के प्रति ध्यान रखना होगा। बातचीत की ऐसी अनियंत्रित स्थिति अनियंत्रित दिमाग का परिणाम होती है।

सदाचारी व्यक्ति अपनी वाणी पर विराम रखेगा और सीखेगा कि इस संबंधी सही ढंग से मन को कैसे नियंत्रित किया जाए। वह अपनी जीभ को मूर्खता और मूढ़ता से नहीं चलने देगा परन्तु अपनी वाणी को दृढ़ और पवित्र बनाएगा। या वह उद्देश्यपूर्ण बात करेगा या चुप रहेगा।

अपमानजनक और निर्दयी वाणी को दूर करना इसका अगला कदम है। जो व्यक्ति दूसरों को गाली देता और दोषारोपण करता है, वह स्वयं सही मार्ग से बहुत भटक गया होता है। दूसरों के बारे में कठोर शब्द कहना और किसी का नाम उछालना, मूर्खता की गहराई में डूब जाने समान है। जब एक व्यक्ति दूसरों को गाली देने, शाप देने और निंदा करने के लिए प्रवृत्त होता है, तब उसे अपनी

जीभ पर संयम रखना और अपने भीतर देखना चाहिए। सदाचारी व्यक्ति अपशब्दों और झगड़ों से दूर रहता है। वह केवल उन्हीं शब्दों का प्रयोग करता है, जो उपयोगी, आवश्यक, शुद्ध और सत्य हों।

छठा चरण है, छिछोरेपन या धृष्टतापूर्ण वाणी पर काबू पाना। हल्की और तुच्छ बात करना, अशिष्ट मज़ाक दोहराना, अश्लील कहानियां सुनाना, जिसका मकसद केवल हंसने के अलावा कुछ ना होना, अश्लील अंतरंगता और दूसरों से बात करते समय तिरस्कारपूर्ण और अपमानजनक शब्दों का प्रयोग और विशेष रूप से अपने आदरणीय जो शिखकों, अभिभावकों या वरिष्ठों के रैंक के हों, ये सब वह अपने सदाचार और सत्य के प्रेमी रूप द्वारा दूर कर देगा।

अनादर की वेदी पर, अनुपस्थित मित्रों और साथियों को क्षण भर की हंसी के उत्साह में बदनाम किया जाता है और जीवन की सारी पवित्रता,उपहास के उत्साह के लिए बलिदान कर दी जाती है, जब दूसरों के प्रति सम्मान देना, जहां सत्कार देना उचित हो, उसे त्याग दिया जाए तो सत्य का ही निरादर किया जाता है। जब वाणी और व्यवहार से शील, महत्व और गरिमा समाप्त हो जाए, तब सत्य खो जाता है। हां, इस का प्रवेश द्वारा छिपा होता है, बाद में उसे भुला ही दिया जाता है।

किसी युवा का अनादर करना भी अपमानजनक है लेकिन जब ऐसा पके बालों के साथ, उपदेशक जैसे चाल-चलन वालों के लिए प्रकट किया जाए, तब यह एक

दिल से निकले उद्गार

दयनीय तमाशा बन जाता है। परन्तु जब इसका अनुकरण और अनुसरण किया जाए तो समझना चाहिए कि अंधा ही अंधे का नेतृत्व कर रहा है, तब समझ लेना चाहिए कि वरिष्ठ, प्रचारक और लोग अपना रास्ता खो चुके हैं।

गुणी लोग अपनी वाणी के कारण ईमानदार और श्रद्धेय होंगे। वह किसी अनुपस्थित के बारे में इस प्रकार सोचेगा और बोलेगा, जैसे किसी मृत व्यक्ति के बारे में कोमलता और पवित्रता से बोला जाता है। वह विचारहीनता को दूर करेगा और इस बात का ध्यान रखेगा कि तुच्छ और सतहीपन के क्षणिक आवेग को संतुष्ट करने के लिए वह अपनी गरिमा का त्याग ना कर दे। उसकी हंसी शुद्ध और मासूम होगी, उसकी आवाज़ मंद और संगीतमय होगी। उसकी आत्मा अनुग्रह और मधुरता से भर जाएगी क्योंकि वह स्वयं को संचालित करने में सफल होता है और वह सत्य मनुष्य बन जाएगा।

दूसरी शिक्षा के अंतिम चरण में, आलोचना पर काबू पाना या दोषपूर्ण वाणी को रोकना। अपने इस दोष में जीभ कई बार छोटे या स्पष्ट दोषों को बढ़ा-चढ़ा कर पेश करना, मूढ़ और मिथ्या बातें करना या बाल की खाल निकालने जैसे बातें करती है। और निराधार अनुमानों, विश्वासों और विचारों के आधार पर व्यर्थ तर्कों का पीछा करना भी इस में शामिल है।

जीवन छोटा और वास्तविक है, पाप, दुख, दर्द का निवारण नुक्ताचीनी या तकरार द्वारा नहीं किया जा सकता।

जो व्यक्ति दूसरों के कहे शब्दों को पकड़ने में सदा सतर्क रहता है, दूसरों की बातों का खंडन करने और विवाद के लिए उत्सुक रहता है, समझ लेना चाहिए कि वह व्यक्ति अभी तक आत्म-समर्पण के सच्चे जीवन तक नहीं पहुंचा। जो व्यक्ति स्वयं अपने शब्दों को नर्म और शुद्ध करने के लिए, उन्हें जांचने के लिए हमेशा सतर्क रहता है, वही उच्चतर मार्ग और सच्चा जीवन प्राप्त करेगा। वही अपनी ऊर्जा का संरक्षण कर पाएगा, अपने मन की शांति बनाए रखेगा और अपने भीतर सत्य की भावना को बनाए रखेगा।

जब जीभ अच्छी तरह से नियंत्रित और बुद्धिमानी से वश में हो, जब स्वार्थी आवेग और अयोग्य विचार अधिक समय तक बोलने वाली जीभ की मांग को पूरा नहीं करते, जब वाणी हानिरहित, शुद्ध, सौम्य, शालीन और उद्देश्यपूर्ण हो जाती है, उस समय अभिव्यक्त किया गया कोई भी शब्द ईमानदारी और जिम्मेवारी पूर्ण ढंग से ही कहा जाता है। तब सदाचारी वाणी के पांच चरण पूरे होते हैं, उस समय सत्य की दूसरी महान् शिक्षा सीख ली जाती है और उसमें निपुणता हासिल हो जाती है।

अब कुछ लोग पूछेंगे, ''ये सब शरीर का अनुशासन और वाणी का संयम क्यों आवश्यक है? निश्चित रूप से उच्च जीवन को ऐसे कठिन श्रम,निरंतर प्रयास और सर्तकता के बिना महसूस और जाना नहीं जा सकता? नहीं, ऐसा नहीं है? आध्यात्मिक में भी भौतिक जीवन समान, बिना श्रम के कुछ भी नहीं किया जा सकता और उच्चता को

तब तक प्राप्त नहीं किया जा सकता, जब तक कि निम्न को पूर्ण ना कर लिया जाए।

क्या एक व्यक्ति किसी औजार को संभालने या कील को ठोंकना सीखने से पहले एक मेज को बना सकता है? क्या मनुष्य अपने शरीर की गुलामी पर विजय प्राप्त करने से पहले अपने मन को सत्य के अनुरूप ढाल सकता है?

जिस प्रकार भाषा की जटिल सूक्ष्मताओं को वर्णमाला से पहले और सरल शब्दों में महारत हासिल किए बिना नहीं समझा जा सकता, उसी प्रकार ना ही मन की गहरी सूक्ष्मताओं को समझे और शुद्ध किए बिना, सही आचरण की वर्णमाला को अच्छे से जानना आवश्यक होता है।

जहां तक श्रम का सवाल है, क्या युवा खुशी और धैर्यपूर्वक शिल्प में महारत हासिल करने के लिए सात साल के प्रशिक्षण के लिए खुद को समर्पित नहीं करते, और क्या वह दिन-प्रतिदिन सावधानी और ईमानदारी से अपने गुण के निर्देशों के प्रत्येक विवरण का पालन पूरा नहीं करता। वह उस समय की प्रतीक्षा करता है, जब आज्ञाकारिता और अभ्यास के माध्यम से वह स्वयं में महारत हासिल कर पाएगा?

संगीत, चित्रकला, साहित्य या किसी भी व्यापार, व्यवसाय या पेशे में उत्कृष्टता का लक्ष्य रखने वाला व्यक्ति, जब तक उस विशेष पूर्णता को प्राप्त करने के लिए अपना पूरा जीवन देने को तैयार नहीं होगा? श्रम करने पर ही, उसकी सर्वोच्च उत्कृष्टता पर विचार किया जाएगा।

सत्य की उत्कृष्टता यही है?

जो यह कहता है, ''आप ने जिस मार्ग बताया है, वह अत्यन्त कठिन है, मुझे परिश्रम के बिना सत्य, बिना प्रयास के मोक्ष प्राप्त करना चाहिए'', वह व्यक्ति स्वार्थ की उलझनों और कष्टों से बाहर निकालने का रास्ता नहीं खोज पाएगा। उसे शांत, दृढ़ मन और बुद्धिमानी से व्यवस्थित जीवन नहीं मिलेगा। उसका प्रेम सहजता और आनंद के लिए है, सत्य के लिए नहीं।

जो अपने हृदय की गहराई में सत्य की पूजा करता है और उसे जानने की इच्छा रखता है, वह इसे कोई मुश्किल काम नहीं समझेगा बल्कि इसे प्रसन्नता से अपनाते हुए, इसका धैर्यपूर्वक पालन करेगा। अभ्यास करते-करते वह सत्य के ज्ञान को जान पाएगा।

शरीर और जीभ के इस प्रारंभिक अनुशासन की आवश्यकता को और अधिक स्पष्ट रूप से समझा जा सकेगा, जब यह बात समझ में आ जाएं कि सभी गलत बाहरी स्थितियां केवल हृदय की गलत स्थितियों की अभिव्यक्ति हैं। अकर्मण्य शरीर का अर्थ है अकर्मण्य मन, एक अनियंत्रित जीभ एक अनियंत्रित मन को प्रकट करती है और प्रकट स्थिति को ठीक करने की प्रक्रिया वास्तविक में आंतरिक स्थिति को सुधारने की एक विधि है।

इसके अलावा, इन स्थितियों पर काबू पाना, इस प्रक्रिया में शामिल होने का एक छोटा सा हिस्सा है। बुराई से दूर रहना, अच्छाई की ओर ले जाता है, जो

दिल से निकले उद्गार

इसके साथ अविभाज्य रूप से जुड़ा हुआ है। जबकि एक आदमी आलस्य और आत्म-भोग पर काबू पा लेता है, वह वास्तव में संयम, संतुलनधमिताचार, समय की पाबंदी और आत्मत्याग जैसे गुणों को सहेज और विकसित करता है। वह शक्ति, ऊर्जा और संकल्प प्राप्त करता है, जो उच्च कार्यों की सफलता के लिए अपरिहार्य हैं। जबकि वाणी के दोषों पर विजय प्राप्त करते हुए वह सत्यता, ईमानदारी, श्रद्धा, दया और आत्म-संयम के गुणों को विकसित करता है, जिसके फलस्वरूप उसे मानसिक संतुलन और उद्देश्यों की स्थिरता प्राप्त होती है, जिसके बिना मन की अधिक सूक्ष्मताओं को विनियमित नहीं किया जा सकता और ना ही आचरण और ज्ञान के उच्च चरणों तक पहुंचा जा सकता है।

इसके साथ ही, जब वह कुछ अच्छा करता है, उसका ज्ञान गहरा होता जाता है, उसकी अंतर्दृष्टि तेज़ हो जाती है। जिस प्रकार विद्यालय के किसी कार्य में महारत हासिल करने पर बच्चे का हृदय प्रसन्न होता है, उसी प्रकार प्रत्येक विजय प्राप्त होने पर, पुण्यात्मा व्यक्ति को एक ऐसे आनंद का अनुभव होता है, जिसे साधक कभी नहीं जान सकता।

अब हम उच्च जीवन के लिए अपरिहार्य तीसरी शिक्षा पर आते हैं, जिसमें अपने दैनिक जीवन में अभ्यास और महारत प्राप्त करना शामिल हैं। ये तीन मौलिक गुण हैं :-

1. कर्त्तव्य का निःस्वार्थ प्रदर्शन

2. अटल सत्यनिष्ठा (नैतिक सत्यनिष्ठा)

3. असीमित क्षमा

पहले दोनों शिक्षाओं में उल्लिखित अधिक सतही और अराजक परिस्थितियों पर काबू पाने के लिए मन को तैयार करने के बाद, उसे सद्गुण और सत्य की प्राप्ति के लिए, और अधिक बड़े और कठिन कार्यों के लिए प्रवृत्त होना होगा और हृदय के गहरे उद्देश्यों को नियंत्रित और शुद्ध करने के लिए तत्पर होना होगा।

कर्त्तव्य के सही प्रदर्शन के बिना, उच्च गुणों को नहीं जाना जा सकता और ना ही सत्य प्राप्ति का अनुभव किया जा सकता है। कर्त्तव्य को आम तौर पर एक उबाऊ श्रम के रूप में माना जाता है, एक अनिवार्य चीज, जिसकी प्राप्ति के लिए कठिन परिश्रम अनिवार्य ही है, या किसी तरह से उसे टाल दिया जाना चाहिए। कर्त्तव्य के संबंध में यह तरीका मन की स्वार्थी स्थिति और जीवन की गलत समझ को आगे बढ़ाता है। सभी कर्त्तव्यों को पवित्र माना जाना चाहिए और यह आचरण के प्रमुख नियमों से एक वफादार और नि:स्वार्थ प्रदर्शन है। सभी व्यक्तिगत और स्वार्थी विचारों को निकाल दिया जाना चाहिए और जब उसे किसी कर्त्तव्य से दूर किया जाए, तब वह उबाऊ कर्त्तव्य आनंदमय हो जाता है। जो कोई व्यक्ति केवल अपने स्वार्थ या लाभ की लालसा के साथ कार्य को करता है, वह उसके लिए भारी या दुखदायी हो जाता है। तब उसे महसूस होगा कि उस कार्य से उसे केवल थकान ही नहीं हो रही, बल्कि

वह उसकी स्वार्थी इच्छा को भी आगे बढ़ा रही है।

जो कर्त्तव्य की उपेखा करता है, चाहे वह छोटा हो या बड़ा, या सार्वजनिक या निजी प्रकृति का, वह सदाचार की उपेक्षा करता है। जो अपने हृदय में कर्त्तव्य के विरुद्ध विद्रोह करता है, वह वास्तव में सदाचार के प्रति विद्रोह करता है। जब कर्त्तव्य प्रेम की वस्तु बन जाता है, जब प्रत्येक विशेष कर्त्तव्य सही ढंग से, विश्वासपूर्वक और निष्काम से किया जाता है तो हृदय से बहुत सूख्म स्तर के स्वार्थ दूर हो जाते है। तब सत्य की ऊंचाइयों की ओर एक महान् कदम उठाया जाता है। सदाचारी व्यक्ति अपने मन को अपने कर्त्तव्य के पूर्ण पालन पर केन्द्रित करता है और कभी दूसरों के कर्त्तव्यों में हस्तक्षेप नहीं करता।

नौवां चरण अटल निष्कपटता और नैतिक सत्यनिष्ठा का अभ्यास है। यह गुण मन में दृढ़ता से स्थापित होना चाहिए, जिससे मनुष्य के जीवन का प्रत्येक विवरण प्रवेश करता है। सारी बेईमानी, छल, कपट और गलतबयानी हमेशा के लिए दूर हो जाएंगे। और हृदय कपट और धोखे के हर अवशेष से शुद्ध हो जाएगा। सत्य या धार्मिकता के मार्ग में कम से कम विषयांतर सद्गुण ही है।

वाणी में अतिशयोक्तिपूर्ण कथन और अमर्यादा नहीं होनी चाहिए, लेकिन सत्य को सरल ढंग से कहा जाना चाहिए। घमंड के लिए या व्यक्तिगत लाभ की आशा के साथ, धोखे में शामिल होना, चाहे कितना भी स्पष्ट रूप से

महत्वहीन क्यों न हो, केवल भ्रम की स्थिति पैदा करता है, जिसे दूर करने का प्रयास करना चाहिए। सदाचारी व्यक्ति से यह मांग की जाती है कि वह न केवल मन, वचन और कर्म में सबसे कठोर ईमानदारी का अभ्यास करेगा, बल्कि यह कि वह अपने बयानों में सटीक होगा, वास्तविक सत्य को छोड़ कर, उसके और कुछ भी नहीं जोड़ेगा।

इस प्रकार अपने मन को अटल निष्कपटता या नैतिक सत्यनिष्ठा के सिद्धांत के रूप में ढालते हुए, वह धीरे-धीरे लोगों और चीजों के साथ न्यायपूर्ण और निष्पक्ष भावना से व्यवहार करेगा, अपने सामने समानता पर विचार करेगा और व्यक्तिगत पक्षपात, जुनून और पूर्वाग्रह से मुक्त होकर सभी चीजों को देखेगा। जब सत्य के सद्गुण को पूरे अभ्यास और समझ से पाया जाए, तब असत्य और कपट के सारे प्रलोभन समाप्त हो जाएंगे और हृदय शुद्ध और श्रेष्ठ हो जाता है। तब चरित्र मजबूत हो जाता है, ज्ञान बढ़ता है और जीवन को एक नया अर्थ और शक्ति प्राप्त होती है। इस से नौवां चरण पूरा हो जाता है।

दसवां चरण असीमित क्षमा का अभ्यास है। इसमें घमंड, स्वार्थ और अभिमान से उत्पन्न होने वाली चोट की भावना पर काबू पाना शामिल है। सभी के प्रति निस्वार्थ दान और बड़े दिल का प्रयोग करना चाहिए। इसके बावजूद प्रतिशोध और प्रतिकार अत्यन्त निंदनीय, एक दम आधारहीन, मूर्खता और तुच्छता है कि इस पर ध्यान देना

या आश्रय देना, पूरी तरह से अयोग्य हैं। कोई भी जो अपने दिल में ऐसी स्थितियों को बढ़ावा देता है, वह खुद मूर्खता और पीड़ा से ऊपर नहीं उठ सकता और ना ही दिल को सही दिशा में ले जा सकता है। केवल उन्हें दूर करके, और उनके द्वारा प्रेरित होना बंद करके ही, मनुष्य की आंखें जीवन के सच्चे मार्ग के लिए खोली जा सकती है। केवल एक क्षमाशील और परोपकारी भावना विकसित करके ही वह एक सुव्यवस्थित जीवन की शक्ति और सुन्दरता तक पहुंचने और अनुभव करने की आशा कर सकता है।

अत्याधिक गुणी व्यक्ति के हृदय में व्यक्तिगत चोट की भावना उत्पन्न नहीं हो सकती। वह अपने सारे प्रतिशोधों को दूर कर चुका है और कोई भी व्यक्ति उसका दुश्मन नहीं। यदि दूसरे लोग अपने आप को उसका दुश्मन समझे, तब वह उन पर दया करेगा, उनकी अज्ञानता को समझते हुए, उन्हें पूरी छूट दे देगा।

जब हृदय ऐसी अवस्था तक पहुंच जाए, तब स्वयं की खोज की प्रवृत्ति के अनुशासन का दसवां चरण पूरा हो जाता है। फिर नैतिक सद्गुण और ज्ञान की तीसरी शिक्षा को सीखा जा सकता है और उसमें महारत हासिल की जा सकती है।

इस प्रकार सही काम करने और सही को जानने से पहले इन दस चरणों और तीन शिक्षाओं को निर्धारित करने के बाद, मैं अपने पाठकों पर इस बात को छोड़ देता हूं

कि वह अपने दैनिक जीवन जीवन में इसे सीखें और इनमें महारत हासिल करने के लिए तैयार हैं।

निस्संदेह, शरीर का उच्चतर अनुशासन और जीभ पर अधिक दूरगामी अनुशासन होना आवश्यक है। आनंद और ज्ञान की उच्चतम अवस्था को प्राप्त करने से पहले और समझने के लिए और भी अधिक से अधिक व्यापक गुण होने चाहिए। लेकिन मेरा मकसद यहां उनसे निपटना नहीं है। मैंने उच्च पथ के लिए पहला और सबसे आसान शिक्षाएं दी हैं और जब इन्हें पूरी तरह से समझ कर, इनमें पूरी महारत हासिल हो जाएं, तब पाठक इतना शुद्ध, मजबूत और प्रबुद्ध हो चुका होगा कि वह अपने भविष्य की प्रगति के लिए किसी प्रकार के अंधेरे में नहीं रहेगा।

मेरे उन पाठकों में से जिन्होंने इन तीन शिक्षाओं को सीख लिया, वह पहले से ही, उससे आगे और सत्य की ओर जाने वाली उच्च ऊंचाई के लिए संकरे और परिशुद्ध रास्ते को समझ चुके होंगे। वे स्वयं इस बात को चुनेंगे कि वे आगे बढ़ना चाहते हैं या नहीं।

जो सीधा मार्ग मैंने निर्धारित किया है, उसका अनुसरण सभी अपने लिए और दुनिया के लिए अधिक लाभ के साथ कर सकते हैं। यहां तक कि जो लोग सत्य की प्राप्ति की आकांक्षा नहीं रखते, वे भी इस मार्ग में खुद को पूर्ण करके अधिक बौद्धिक और नैतिक शक्ति, बेहतर निर्णय और मन की गहरी शांति को विकसित कर सकेंगे। इससे

दिल से निकले उद्गार

ना ही उनकी भौतिक समृद्धि प्रभावित होगी, परन्तु वह अधिक सच्चा, शुद्ध और स्थायी बन जाएगा।

यदि कोई ऐसा है जो सफल होने में सक्षम है और उसे प्राप्त करने के लिए उपयुक्त है तो वह व्यक्ति ऐसा है जिसने अपनी छोटी-छोटी कमजोरियों और रोजमर्रा की बुराइयों को त्याग दिया है जो अपने शरीर और मन पर शासन करने के लिए पर्याप्त मजबूती और दृढ़ संकल्प से अडिग अखंडता और सदाचार का मार्ग अपनाता है।

6

मानसिक स्थितियां और उनके प्रभाव

सही जीवन के लिए बड़े कदमों और शिक्षाओं के विवरण को जाने बिना (इस छोटे से काम के दायरे से बाहर का कार्य) उन मानसिक स्थितियों के बारे में कुछ संकेत है, जिन के द्वारा जीवन को समग्रता के क्रम में लाया जा सकता है। ये संकेत उन लोगों के लिए सहायक सिद्ध होंगे, जो दिल और दिमाग के आंतरिक क्षेत्र में आगे बढ़ने के लिए तैयार और इच्छुक हैं जहां प्रेम, बुद्धि और शांति, जीवन में तेजी से प्रगति करने वाले छात्र की भांति उसकी प्रतीक्षा करते हैं।

सभी पाप अज्ञान है। यह अंधकार और अविकसितता की स्थिति है। गलत विचारक और गलत कर्त्ता जीवन की पाठशाला में एक समान स्थिति में होते हैं जैसे शिक्षा के विद्यालय में अज्ञानी छात्र। उसे अभी यह सीखना है कि कैसे सही तरीके से सोचना और कार्य चाहि, अर्थात् नियमों अनुसार। सीखने वाला छात्र तब तक खुश नहीं होता जब तक वह गलत तरीके से शिक्षा ग्रहण करता है। इसी प्रकार, जब तक पाप पर विजय प्राप्त नहीं होती, तब तक दुख से बचा नहीं जा सकता।

जीवन सबक सीखने कर एक श्रृंखला है। कुछ उन्हें

दिल से निकले उद्गार

एकाग्रचित्त होकर सीखते हैं, ऐसे लोग शुद्ध, बुद्धिमान और हर प्रकार से खुश रहने वाले होते है। दूसरे लापरवाह होते है, उन पर ये लागू नहीं होता। वे अपवित्र, मूर्ख और दुखी रहते हैं।

हर प्रकार का दुख मन की गलत स्थिति से उत्पन्न होता है। खुशी मन की सही स्थितियों में निहित है। सुख मानसिक सामंजस्य है, दुख मानसिक सामंजस्य है। जबकि एक आदमी मन की गलत परिस्थितियों में रहता है, वह गलत जीवन जीएगा और लगातार पीड़ित रहेगा।

दुख त्रुटि में निहित है। आनंद ज्ञान में निहित है। अपने अज्ञान, भूल और आत्म-भ्रम के नाश में ही मनुष्य का उद्धार होता है। जहां मन की गलत स्थितियां है, वहां बंधन और अशांति है। जहां मन की सही स्थितियां है, वहां स्वतंत्रता और शांति है।

यहां कुछ प्रमुख गलत मानसिक स्थितियां और किसी के जीवन पर पड़ने वाले उसके विनाशकारी प्रभाव दिए गए हैं :-

- घृणा : जो चोट, हिंसा, आपदा और पीड़ा की ओर ले जाती है।

- वासना : जो बुद्धि, पछतावे, लज्जा और दुर्बलता के भ्रम को जन्म देती है।

- लोभ : जो भय, अशांति, दुख और हानि की ओर ले जाता है।

- मिथ्याभिमान या दंभ : जिससे निराशा, अपमान और आत्म-ज्ञान में कमी आती है।
- घमंड : जो आत्मा के संकट और आत्मदमन की ओर ले जाता है।
- निंदा : जो दूसरों को उत्पीड़न और घृणा की ओर ले जाती है।
- दुर्भावना : जो असफलताओं और परेशानियों की ओर ले जाती है।
- आत्मग्लानि : जो दुख, निर्णय की हानि, स्थूलता, रोग और उपेखा की ओर ले जाता है।
- क्रोध : जिससे शक्ति और प्रभाव का ह्रास होता है।
- इच्छा या आत्म-गुलामी : जो दुख, मुर्खता, शर्मिन्दगी, अनिश्चितता और अकेलेपन की ओर ले जाती है।

मन की उपरोक्त गलत स्थितियां केवल निषेध हैं। वे अंधकार और अभाव की अवस्थाएं हैं न कि सकारात्मक शक्ति की। बुराई कोई शक्ति नहीं है (यह अज्ञानता और अच्छे का दुरुपयोग है। नफरत वह है, जो प्रेम के पाठ को सही ढंग से प्राप्त करने में किल रहा हो और वह परिणाम भुगतता है। जब वह इसे ठीक करने में सफल हो जाएगा, तब घृणा गायब हो जाएगी, वह घृणा के अंधेरे और नपुंसकता को देखेगा और समझ लेगा। हर गलत स्थिति के साथ ऐसा ही होता है।

निम्नलिखित कुछ अधिक महत्वपूर्ण सही मानसिक

दिल से निकले उद्गार

स्थितियां, जिनके केसी के जीवन पर उसका लाभकारी प्रभाव पड़ता हैं :-

- प्रेम : जो कोमल परिस्थितियों, आनंद और आशीर्वाद की ओर ले जाता है।

- पवित्रता : जो बौद्धिक निर्मलता, आनंद, अजेय आत्मविश्वास की ओर ले जाती है।

- निःस्वार्थता : जो साहस, संतुष्टि, खुशी और प्रचुरता की ओर ले जाती है।

- नम्रता : जो शांति, विश्राम, सत्य के ज्ञान की ओर ले जाती है।

- सौम्यता/भलमनसी : जो सभी परिस्थितियों में भावनात्मक संतुलन, संतोष की ओर ले जाती है।

- करुणा : जो दूसरों से सुरखा, प्रेम और सम्मान की ओर ले जाती है।

- सद्भावना : जो खुशी, सफलता की ओर ले जाती है।

- आत्म-संयम : जो मन की शांति, सच्चा न्याय, शोधन, स्वास्थ्य और सम्मान की ओर ले जाता है।

- धैर्य : जो मानसिक शक्ति की ओर ले जाता है, दूरगामी प्रभाव डालता है।

- आत्म-विजय : जो ज्ञान, आनंद, अंतर्दृष्टि और संपूर्ण शांति की ओर ले जाता है।

मन की उपरोक्त सही स्थितियां सकारात्मक शक्ति, प्रकाश, आनंदपूर्ण अधिकार और ज्ञान की अवस्थाएं हैं।

अच्छा आदमी जानता है। उसने अपनी शिक्षा को सही ढंग से सीख लिया है और इस प्रकार वह उनके सटीक अनुपातों को समझता है, जो जीवन का योग बनाते हैं। वह प्रबुद्ध है, वह अच्छाई और बुराई को जानता है। वह परम प्रसन्न होता है, वह केवल वही करता है जो दैवीय रूप से सही होता है।

जो आदमी मन की गलत स्थितियों में लिप्त है, वह नहीं जानते। वह बुराई और अच्छाई से, स्वयं से, आंतरिक कारणों से, जो उसके जीवन को बनाते हैं, उनसे अनभिज्ञ रहता है।

वह दुखी होता है और मानता है कि अन्य लोग पूरी तरह से उसके दुख का कारण है। वह आंख बंद करके काम करता है और अंधेरे में रहता है। उसे अस्तित्व में कोई केन्द्रीय उद्देश्य नहीं दिखाई देता और उसकी चीजों का क्रम में कोई व्यवस्था और वैध क्रम नहीं होगा।

वह जो उच्च जीवन की प्राप्ति के लिए उसकी पूर्णता की आकांक्षा रखता है, जो प्रकट दृष्टि से चीजों के वास्तविक क्रम और जीवन के अर्थ को समझेगा, उसे हृदय की सभी गलत स्थितियों को त्यागने दें, और अच्छे के अभ्यास में निरंतर बने रहें। यदि वह पीड़ित है या संदेह है, या दुखी है तो उसे कारण खोजने तक भीतर की तलाश करने दें और उसे पाकर उसे दूर कर दें।

वह अपने हृदय को इतना सुरक्षित और शुद्ध करे कि

दिल से निकले उद्गार

उसमें से हर दिन बुराई कम और भलाई अधिक निकले। इस प्रकार वह प्रतिदिन बलवान्, महान् और बुद्धिमान होता जाएगा। उसका आशीर्वाद बढ़ता जाएगा और सत्य का प्रकाश, हमेशा बढ़ता रहेगा।

उसके भीतर उज्जवल और उज्जवल, सभी निराशाओं को दूर करेगा और उसके मार्ग को रोशन करेगा।

7

परामर्श

सत्य के शिष्य, सदाचार के प्रेमी, ज्ञान के साधक, आप भी, जो आत्म-जीवन की शून्यता को जानकर, दुख से त्रस्त हैं, और जो उस जीवन की आकांक्षा करते हैं जो परम सुंदर और शांति से आनंदित है...अब अपने आप को हाथ में लें, अनुशासन के द्वार में प्रवेश करें और बेहतर जीवन को जानें।

आत्म-भ्रम को दूर भगाएं। आप जैसे हैं वैसे ही अपने आप को देखें और जैसा है वैसा ही पुण्य का मार्ग देखें। सत्य पाने का कोई आलसी तरीका नहीं होता। वह जो पहाड़ की चोटी पर खड़ा होगा, उसे जोर से चढ़ना चाहिए, और केवल ताकत इकट्ठा करने के लिए आराम करना चाहिए। लेकिन यदि चढ़ाई बादल रहित शिखर से कम शानदार है, तो भी यह शानदार है। अनुशासन अपने आप में सुंदर है, और अनुशासन का अंतिम परिणाम मीठा होता है।

जल्दी उठो और ध्यान करो। प्रत्येक दिन की शुरूआत एक विजित शरीर के साथ करें, और मन की त्रुटि और कमजोरी के खिलाफ दृढ़ता से खड़ा करो। बिना तैयारी के लड़ाई से प्रलोभन कभी दूर नहीं किया जा सकेगा।

मौन की घड़ी में मन को सशस्त्र और व्यवस्थित किया जाना चाहिए। इसे देखने, जानने, समझने के लिए प्रशिखित

दिल से निकले उद्गार

किया जाना चाहिए। सही समझ विकसित होने पर पाप और प्रलोभन गायब हो जाते हैं।

असंदिग्ध अनुशासन के माध्यम से सही समझ प्राप्त की जाती है। सत्य तक नहीं पहुंचा जा सकता लेकिन अनुशासन के माध्यम से। प्रयास और अभ्यास से धैर्य बढ़ेगा और धैर्य अनुशासन को सुंदर बनाएगा।

अधीर व्यक्ति और स्वयं के प्रेमी के लिए अनुशासन उबाऊ होता है, इसलिए वह इससे बचता है, और शिथिल और भ्रमित रहता है।

सत्य के प्रेमी के लिए अनुशासन उकताहट या अरुचिकर नहीं होता, वह अनंत धैर्य से प्रतीखा कर सकता है, काम कर सकता है और उसे खत्म कर सकता है। जिस प्रकार माली को अपन फूलों को प्रतिदिन विकसित होते आनंद का अनुभव होता है, उसी प्रकार अनुशासनवान व्यक्ति पवित्रता, बुद्धि, करुणा और प्रेम के दिव्य फूलों को देख कर, आनंद की प्राप्ति करता है, यह उसके हृदय में विकसित होता है।

कमजोर दिल वाला दुख और पीड़ा से बच नहीं सकता। जोश के भीषण हमले से पहले अनुशासनहीन मन कमजोर और लाचार हो जाता है।

अपने दिमाग को अच्छी तरह से व्यवस्थित करें, फिर सत्य के प्रेमी बनो। सतर्क, विचारशील और दृढ़ रहो। तुम्हारा उद्धार निकट हैं, तुम्हारी तत्परता और प्रयास ही सब कुछ है। यदि तुम दस बार असफल होते हो, तब भी

दिल छोटा ना करो। यदि तुम सौ बार असफल होते हो, तब भी उठो और अपने रास्ते पर आगे बढते रहो। यदि तुम हजार बार भी असफल रहते हो, तब भी निराश मत हों। जब सही मार्ग पर प्रवेश किया जाता है, तब पथ को पूरी तरह से छोड़ नहीं जाने पर, निश्चित तौर पर सफलता प्राप्त होगी। पहले संघर्ष, फिर जीत। पहले श्रम, फिर विश्राम। पहले कमजोरी, फिर ताकत। शुरूआत में निचला जीवन, और लड़ाई की चकाचौंध और भ्रम, और अंत में जीवन सुंदर, मौन और शांति की प्राप्ति होगी।

सभी सामान्य चीजें, प्रत्येक दिन की घटनाएं, जो कि घंटे के साथ शरू होकर समाप्त हो जाती हैं, हमारे सुख और हमारे असंतोष ऐसे चक्र हैं, जिनके द्वारा हम ऊपर चढ़ सकते हैं। हमारे पास पंख नहीं हैं, हम उड़ नहीं सकते, लेकिन हमारे पास पैमाना और चढ़ने के लिए पैर हैं।

इसे अपना कर देखों!

•••

www.ingramcontent.com/pod-product-compliance
Lightning Source LLC
Chambersburg PA
CBHW040203160726
48006CB00014B/1878